उस मीरा से ...
इस मीरा तक

काव्यांजलि

मीरा

PUSTAK BHARATI
TORONTO, CANADA

Author : डॉ. मीरा त्रिपाठी पांडेय

Book Title : उस मीरा से... इस मीरा तक

इस संकलन की रचनाएँ सोद्देश्यपूर्ण, संदेशात्मक, नैसर्गिक प्रेम की अविरल धारा बहाने वाली, इंद्रधनुषी कलेवर में साहित्य के नौ रसों से सराबोर सप्त सुरीली जीवन जीने की सार्थकता को उद्धवेलित करने वाली अंतर्मन के अतल-पतल और सुतल को स्पर्श करती हुई सागर की लहरों की तरह अंतरिक्ष का आचमन करती हैं। राष्ट्रीय एवं अन्तराष्ट्रीय स्तर पर हिंदी को मर्यादित एवं मंडित करती है। शीर्षक की सार्थकता के साथ ही उनमें अध्यात्म है, लयधा भक्ति है, प्रकृति का ललाम है, जीवन को एक एक पल जीने की ललक है, मन से मनमोहन का अनिवर्चनीय प्रेम है, जो मीरा के जीवन दर्शन में सम्मोहित है।

Published by :

PUSTAK BHARATI (Books India)

180 Torresdale Ave.,

Toronto, Ontario, Canada, M2R 3E4

email : pustak.bharati.canada@gmail.com

Web : www.pustak-bharati-canada.com

ISBN 978-1-897416-29-7

90000

9 781897 416297

ISBN 978-1-897416-29-7

© All rights reserved. No part of this book may be copied, reproduced or utilised in any manner or by any means, computerised, e-mail, scanning, photocopying or by recording in any information storage and retrieval system, without the permission in writing from the author

समर्पण

माँ शारदे स्वरूपा माँ को सहस्त्रों प्रणाम बार- बार...
परम पूजनीय माताश्री

" श्रीमती सावित्री त्रिपाठी "

जिन्होंने हमें मीरा नाम से अलंकृत किया उस पूण्य आत्मा को समर्पित

" उस मीरा से इस मीरा तक "

जिनकी मनोकामना को साकार रूप मिला ।
संपूर्ण समर्पण भाव से समर्पित

आपका मनोनय हमें आज भी प्रेरित करता है कलम चलाने के लिये, स्याही से शब्दों की मन से डोर बाँधने के लिये...

मेरे हृदयांगन में सदैव विराजमान हैं, जिनकी स्नेहछाया मुझे हमेशा आलिंगित करती रहती है ।

उस अदृश्य आत्मा को समर्पित यह काव्य पुंज...

— मीरा

कुछ बातें अपनी अपनों से...

इक्यासी कविताओं का यह काव्यपुंज प्रस्तुत है- सुहृदयी काव्य पाठकों के लिए, जिसमें प्रकृति प्रेम, जीवन दर्शन, अध्यात्म, योग, नीति परक दोहे के रूप में संगीत स्वरूपिणी लयधा भक्ति...

" मुझे गीतों में बहने दो,
अहर्निश प्यार करने दो ॥ "

के रूप में मैंने समर्पित किया ।

मैं बचपन से ही संवेदनाओं से रत जीवन दर्शन से प्रभावित तथा अध्यात्म प्रेमी रही हूँ। समंदर के किनारे बैठ सुदूर तक निहारना, अनंत में सोचना मेरा शगल रहा है।

" मन का पन्ना पढ़ते पढ़ते,
मीरा बनी विष पीते पीते ॥ "

यह काव्य यात्रा लयधा भक्ति के माध्यम से हिंदी भाषा का प्रचार- प्रसार, संरक्षण- संवर्धन जीवन और जगत् को सुसज्जित और संकल्पमयी बनायेगी। अतीत की गहराईयों से ताल-मेल हमारा है। प्रेम के अतीन्द्रिय स्वरूप में हमारा विश्वास है। चाहे वह सीता- राम का हो, या राधा- कृष्ण का, या भक्तिमयी मीरा का...

" अंत में, जीवन तो वरदान है;
नर-नारी ही भगवान है ॥ "

इस रसात्मक संसार में मैंने भी सरस, रस गंध के सुमन पुंज छोड़े हैं। आमंत्रण देती हूँ आपके अपने भाव-विचार हम तक पाने के लिए...

" मनमाने की बात है मीरा,
पत्थर में दिखता है हीरा ॥ "

- मीरा

अनुक्रम

भूमिका	i
स्वयं के वातायन से	iii
अभिसारों में	1
वजह	2
समय	3
बोलो क्या करें ?	4
गंगा की धारा	5
संवेदना के स्वर	7
मानस में पावस	8
झरने का स्वर	10
मनमानी	11
शब्दों की मर्यादा	12
क से ज़िन्दगी	13
माँ	15
मैं छुई मुई नहीं	16
अंतर्दृष्टि	18
उस मीरा से इस मीरा तक	19
बुरूँश	20
बरखा रानी	21
मौसम की पहली फुहार	23
पिता तो आखिर...पिता होता है	24
बादल बनकर...	25
योग	26
सुर	27
कौन कहता है कि हिंदी, हिन्द की भाषा नहीं है?	29
हिन्द की हिंदी	31
कौन कहता है...	33
कौन कहता है कि तुम केवल नदी हो?	34
अमलतास	35
मेरा वतन	36
देश हित	38
राष्ट्र की शान	40
स्नेहिल मन	41
सस्वर	42
प्यार	43
संकल्प	45
खुशी	46
तुम जैसा कोई और नहीं...	47
पीर न मनमानी	48
अंतर्द्वंद	49
तुम्हारी याद...	50
जाने कौन ?	51
मन की भाषा	53
अमृत	54

हिंदी में मौन ?	56	आना- शाम ढले तब आना	87
नारी तुम...	58	पनियायी आँखें	89
अपनो से	59	संस्कारों में...	91
समाधि के स्वर	61	क्यों छलते हो...?	93
मन के आर पार	62	इस तरह से...	95
सरहद	63	सागर	97
अनोखी प्यास...	64	घेरे का आसमान	99
सुमन	66	सदियों बाद	101
सैलाब	67	बादलों के पार	102
यादें	69	कविते	104
तुम्हारे लिए	70	सत्य	105
समर्पणें	72	टकसाल	106
ऐसा लगता है....	73	जीवन पथ	108
अनुहार	75	पलकों में	109
नूपुरों के स्वर तुम्हारे	77	परख	110
आना वसंत निष्पंद विपिन में आना	78	वसुंधरा	111
गीतों में...	80	पल पल	113
सरगम	82	नारी तो वारि है	115
विदा दूँ... ?	85	यात्रा	117

भूमिका

राधा-मीरा एक हैं, दो हैं भौतिक रूप।
दोनों के मन एक ही, बसे द्वारिकाभूप ।।

"उस मीरा से इस मीरा तक काव्यांजलि" की भूमि को सत्य, शिव और सुंदर की त्रिवेणी से उर्वरित करने के लिए कवयित्री डॉ. मीरा त्रिपाठी पांडेय जी ने जिन मुख्य तीन शब्दों के अधार पर पार्श्वभूमिका रची है, वे हैं - 1. मेरा, 2. मोल, और 3. प्रेम (परिशुद्ध).

श्रीकृष्ण भक्ति के भक्तकवियों में सर्वश्रेष्ठ माने जा सकते हैं भक्त सूरदास जी और भक्त मीराबाई. इन कविवरों की भिन्न-भिन्न रागों की पद्य पंक्तियों में भी उपरोक्त तीन शब्दों का किया हुआ सुंदर चयन "उस मीरा से **इस** मीरा" की भूमिका की नींव द्दष्टिगोचर कराता है.

1. पहला शब्द, "मेरा" (म्हारो), अर्थात मेरा अविभक्त स्वामित्व अथवा मेरा या मुझ पर अविभक्त अधिकार. मीराबाई कहती हैं, **(राग - झंझोटी)** :

"मेरे" तो गिरिधर गोपाल, दूसरो न कोई।

दूसरो न कोई, अर्थात अविभक्त स्वामित्व. अविभक्त स्वामित्व मिला क्योंकि मैंने वह अधिकार खरीदा है. मीराबाई कहती हैं, **(राग - गुनकली)** :

गिरिधर म्हारो साँचो प्रीतम।
मेरी उणकी प्रीति पुराणी, उण बिन पल न रहाऊँ ।।

राणाजी मेरे प्रीतम हैं, मगर गिरिधर साँचो प्रीतम हैं, अर्थात अविभक्त स्वामी हैं। मीरा का गिरिधर पर अविभक्त अधिकार है। यही अधिकार दूसरे मोल शब्द की भूमिका है।

2. दूसरा शब्द "मोल" मेरा गिरिधर पर अविभक्त अधिकार क्यों है? क्योंकि मीरा ने गिरिधर "मोल" लिया है। कैसे? मीराबाई बताती है, (राग - माँड) :

माई री मैं तो लियो गोबिंदो मोल ।

कोई कहै मुँहघो, कोई कहै सुहँघो, लियो री तराजू तोल ।

कोई कहै कालो, कोई कहै गोरो, लियो री अमोलक "मोल" ।

मीरा के प्रभु गिरिधर नागर, आवत "प्रेम" के मोल ।।

मीराबाई कहती है, महँगा हो, सस्ता हो, काला हो, गोरा हो, मैंने खरीदा है। कैसे खरीदा है, प्रेम के मोल, जो कि तीसरे शब्द की भूमिका बन जाता है और वही शब्द भक्त सूरदास जी ने अपनी वाणी में स्पष्ट किया है।

3. तीसरा शब्द "प्रेम" कविवर सूरदास जी कहते हैं, (राग – भीम पलासी) :

सबसे ऊँची प्रेम सगाई ।

जूठे फल सबरी खाये, बहु बिधि स्वाद बताई ।

प्रेम बस नृप सेवा कीन्हीं, आप बने हरि नाई ।

प्रेम बस पारथ रथ हाँक्यो, भूलि गये ठकुराई ।

ऐसी प्रीति बढ़ी बृंदाबन, गोपिन नाच नचाई ।।

डॉ. मीरा त्रिपाठी पांडेय जी के इस सुंदर गीत संग्रह के लिए मेरी ओर से शत शत शुभ कामनाएँ।

प्रो. रत्नाकर नराले
हिंदी प्राध्यापक
रायर्सन विश्वविद्यालय, टोरंटो, कनाडा

स्वयं के वातायन से...

" मीरा मन की पीर है ।
शब्द- अर्थ की नीर है ।। "

पौराणिक संदर्भों में श्री राधा नारायण स्वरूप श्री कृष्ण को "मेरा कृष्ण" कहकर संबोधित करती हैं। "मेरा" अर्थात पूर्ण स्वामित्व !

ऐतिहासिक संदर्भों में "मीरा" उसी नारायण स्वरूप श्री कृष्ण को खरीद लेती हैं। यहां गोविंद को उन्होने अपना क्रीत बना लिया है । किसी व्यक्ति या वस्तु को यदि मोल ले लिया जाए तो क्रेता का उस पर सम्पूर्ण अधिकार स्थापित हो जाता है।

पुराण की राधा हों या इतिहास की मीरा, दोनो ही प्रेम के निदिध्यासन अवस्था को प्राप्त हैं। दोनो प्रेम के मर्म को समझती हैं । दोनो जानती हैं कि प्रेम में केवल देना होता है, इसमें प्रतिफल की कोई गुंजाइश नहीं होती। इसीलिए दोनो का प्रेम सम्पूर्ण समर्पित है और दोनो ही पारिशुद्ध प्रेम की समाधिस्थ अवस्था का अकाम आनंद भोगती हैं। दोनो के प्रेम में, राग और विराग का, प्रेम और संन्यास का कितना सुन्दर संतुलन है कि जिसे समझकर मन की अतल गहराइयों से अपने आप "वाह!" निकल जाता है।

मनुष्य के मन में एक भ्रम चिरंतन काल से चलता चला आ रहा है कि प्रकृति और परमेश्वर दो अलग-अलग सत्तायें हैं। इन्हे अलग-अलग मानने वालों का एक वर्ग है जिनका मानना है कि प्रकृति प्रेम है और परमेश्वर सन्यास। और यह भी, कि जो प्राकृत है वह परमेश्वर को कैसे प्राप्त कर सकता है? लेकिन मैं मानती हूं कि दोनो के बीच इस प्रकार की विभाजन रेखा खींचना कदापि उचित नहीं है । क्योंकि ऐसी लकीर खींचकर हम अपने लिए इस संसार को माया का मिथ्या प्रवाह ही समझ बैठते हैं।

वास्तव मे प्रकृति और परमेश्वर भिन्न सत्तायें नहीं हैं। इनके बीच की द्वैत तो हमारे मन की कृतियाँ हैं जिन्हें हम राधा और मीरा के उपरोक्त संदर्भ से भली भांति समझ सकते हैं । क्योंकि दोनो ही अपने पारिशुद्ध प्रेम (प्रकृति) के द्वारा ही परमेश्वर को पूरी तरह बांधने में समर्थ हो सकी हैं । एक अद्‌भुत समन्वय है इन दोनो में राग-विराग और प्रेम-सन्यास का!प्रकृति और परमेश्वर का इतना अप्रतिम संयोग शायद ही कहीं अन्यत्र मिले। इसीलिए आवश्यक यह है कि हम हवा और पर्वत के बीच टकराते रहने में ही अपनी ऊर्जा को जाया न करें । हमको चाहिए कि हम अपने जीवन मे निषेध नहीं, स्वीकृति और समन्वय स्थापित करने की कोशिश करें । जीवन को उद्भ्रांत न होने दें ।

कविता की भूमि केवल दर्द को जानती हो, केवल विकल होना सिखाती हो, केवल वासना की लहर और रक्त के उत्ताप को पहचानती हो, ऐसा नहीं होना चाहिए। कविता की वही भूमि उर्वर कही जा सकती है जिसमें छायादार विशाल वृक्ष हों, औषधीय पादप हों, गंधवाही हवाएं हों और कुसुम के देश हों जिनकी सुगंध सुदूरवर्ती मानव तक पहुंचें, क्योंकि तभी रचना सत्य, शिव और सुन्दर की त्रिवेणी बन सकती है । चयन हमारा अपना होता है कि हम किधर जाएं? राधा-मीरा के समाधिस्थ समर्पित प्रेम के परिशांत सरोवर की ओर या फिर उद्भ्रांत उस बरसाती नदी की ओर, जो अपनी सम्पूर्ण मर्यादाओं का अतिक्रमण कर विध्वंसकारी बन जाती है ।

बस, यही कुछ आयाम हैं जिन्होंने मुझे प्रस्तुत काव्यांजलि, "उस मीरा से इस मीरा तक" के सृजन के लिए प्रेरित किया ।

आशा है, आप मुझे पूर्ववत् स्वीकार करेंगे और मेरे अभावों की ओर इंगित भी करेंगे। क्योंकि मनुष्य कभीं पूर्ण नही है। पूर्णता उचित भी नहीं क्योंकि पूर्णता जीवन का ठहराव है और जीवन का ठहर जाना कदापि उचित नहीं ।

\- मीरा

अभिसारों में...

लीजिये, स्वीकारिए अभिनन्दना... (२)
शब्द की सुमनावली से।
स्नेह की शब्दावली से।।
कर रहें, माँ शारदे, तेरी आज हम अभ्यर्थना...

लीजिये...
स्नेह संचित हैं दिशाएँ।
बाँटती चन्दन हवाएँ।
कर रही है, चन्द्रिका कर्पूर से शुचि अर्चना...

लीजिये...
प्राण की सतरंग पाँखें।
कल्पना की अमित आँखें।।
कर रहीं हैं, पुण्य श्लोकी भावनाएँ वंदना...

लीजिये...
सिहर उठता पुलक तन में।
मौन है, संवेग मन में।।
मूक अधरों पर, विह्वल पाती नहीं अभिव्यंजना।।

लीजिये, स्वीकारिए अभिनन्दना... अभिनन्दना।।

वजह...

मैं खुश रहने की वजह ढूँढ़ती हूँ ।
गाहे - बगाहे बेवजह ढूँढ़ती हूँ ।

खुश रहना खुशी से बेहतर है ।
खुश रहने में ही सब रहबर है ।

खुश रहना और खुश करना दरबदर है ।
फलसफा - ए- ज़िन्दगी का यह कदर है ।

वजह - बेवजह जब खुश रहती हूँ ।
कुछ गुनती, बुनती, लिखती हूँ ।

यह तो मेरा एक शगल है ।
बाकी सब तो अदल - बदल है ।।

समय

समय गूँगा नहीं,
समय बहरा नहीं ।
समय ठहरता नहीं,
समय साथ रहता नहीं ।

पर, वहीं बात है,
कब समय साथ है ?
समय रहता नहीं,
समय जाता नहीं ।

सब समय की बात है,
कब समय साथ है ?
समय कहता नहीं,
समय, कह देता है ।

समय सुनता नहीं,
समय, सुना जाता है ।
सब समय की बात है,
अभी सब साथ हैं ।।

डॉ. मीरा त्रिपाठी पांडेय

बोलो क्या करें ?

पत्र पथ पर मिला गुमनाम...
बोलो क्या करें ?
दिन ढला, फिर हो गई शाम... ।।
बोलो क्या करें ?

हाशिए पर प्रश्नचिह्न समान उभरी है, व्यथा...
बाँह में तम के समाई रात, पग पग पर कथा...
याद आया, फिर अपरिचित नाम... ।।
बोलो क्या करें ?

पौ लगी फटने, सियाही रात की छँटने लगी...
उजाले की प्यास अपने आप ही घटने लगी...
सुबह आई, किरन ऊँगली थाम... ।।
बोलो क्या करें ?

सुबह दिन फिर शाम, सारी रात का यह सिलसिला...
बिन रुके चलता रहा, यह कारवाँ यह काफिला...
लपेटे पग थकन, चुभन तमाम ।।
बोलो क्या करें ?

गंगा की धारा

नारी तो गंगा की धारा...
है, संकल्पित जीवन सारा ।

तटों के बीच से बहती है...
सिकुड़न सारे सहती है ।
धुलता जीवन जिससे सारा...
नारी...

सब सहती है, चुप रहती है ।
मौन व्यथा को कब कहती है ?
अविरल, बहती स्नेह की धारा...
नारी...

आँचल से पानी का नाता ।
प्रश्नचिह्न कहाँ लग जाता ?
बन कर शिव कोई आ जाता...
नारी...

कहते हैं, यह गंगा जल है ।
सरल, सहज, कितना कोमल है !
पर करते इससे सब मनमानी...
नारी...

डॉ. मीरा त्रिपाठी पांडेय

पाप नाशिनी, जीवन दायनी...
मर के भी तुम, कब मरती हो ?
अर्पण तर्पण सब करती हो ।
रीतता जीवन जिससे सारा...
नारी तो गंगा की धारा ।।

संवेदना के स्वर

कौन है? संवेदना के स्वर में.. ।

सांत्वना सी..

प्रार्थना सी..

गीता सी..
हर गीत यूँ तो गुनगुनाती है।
संगीत के स्वर में लहरी है।
लेकिन भावना बहरी है।
वक्त के अंदाज़ नए हैं।
राम रावण गले मिले हैं।
राधा बीच कान्हा सहमे पड़े हैं।
आज भी राम सीता से मिल ना सके हैं।

क्यों?

संवेग मन में धरे के धरे हैं...
स्वर वेदना के भार से दबे पड़े हैं।

आह!

क्या?

यही है संवेदना का स्वर...

डॉ. मीरा त्रिपाठी पांडेय

मानस में पावस

मेरे मानस में पावस है,
मुझे यूँ हीं बरसने दो...

मेरी आँखों में समंदर है,
बहुत कुछ मन के अंदर है...

अहले दुआओं का इतना असर है,
सफर भी कितना सुन्दर है...

अपनों का साथ है,
जीवन का एहसास है,
मुझे यूँ हीं सँवरने दो...

मन का अँधेरा
कितना घना है?
देहरी दीप जलाना,
कहाँ मना है?

खुशियाँ आने को है,
अँधेरा जाने को है।
मुझे यूँ ही चहकने दो...

यह प्यार बढ़े,

हर बार बढ़े,
मुझे यूँ हीं बहकने दो ।।

झरने का स्वर

मन उपवन खिल जाता है ।
जब झरना संगीत सुनाता है ।

झर-झर झरने का स्वर,
कितना अनुपम कितना सुन्दर ।

दूग्ध धवल सी चाँदनी,
हरीतिमा प्रकृति की मानिनी ।

कल-कल करता, अविरल बहता ।
सुनाता है जीवन संगीत, प्रकृति तो करती अनुपम प्रीत ।

गिरी, वन कंदरा को चिर जाते,
मन उपवन बस खिल जाते ।

अमरत्व का देता है सन्देश,
जीवन दर्शन का यही उपदेश ।

प्रकृति के कर्म की यही निशानी,
चलती, रुकती, फिर चलती
जैसे झरने का पानी ।।

डॉ. मीरा त्रिपाठी पांडेय

मनमानी

प्रीत करो मनमानी,
दर्द हुआ बेमानी ।

सदियां बीती कहते कहते...
प्रीत बेचारी गली गली भटके...
सादर प्रेम बुलाये ना...
मन में प्रीत समाये ना... (१)

प्रीत करो मनमानी...

नदी प्रीत करती सागर से...
धरा प्रीत करती अम्बर से...
महामिलन के केंद्रबिंदु पर,
प्रीत हुई अनजानी... (२)

प्रीत करो मनमानी...

बाहर तन है, अंदर मन है...
तन मन का तो प्रीत सघन है...
मन का मिलन ही जीवन है...
आत्म प्रीत में बड़ी लगन है... (३)

प्रीत करो मनमानी,
दर्द हुआ बेमानी ।।

डॉ. मीरा त्रिपाठी पांडेय

शब्दों की मर्यादा

शब्दों से मरहम बनता है,
मन का घाव जो भरता है ।
शब्द सुकोमल सहलाते हैं,
अंतर्मन जब रोता है ।

शब्द नुकीले बाण के जैसे,
हृदय घाव कर जाते हैं ।
अंतर्मन जब रोता है,
शब्द ही उन्हें सहलाते हैं ।

शब्दों में संचित हैं भाव,
सत्वर उनको बहने दो ।
प्रेम प्रतिज्ञा जल के जैसे,
सब रंगों में रहने दो ।

शब्दों की मर्यादा है,
शब्द नहीं मोहताज किसी के ।
शब्दों के ताने- बाने में,
हैं शब्द सरताज उसी के ।

मन के भाव जब संचित होते,
शब्द की आकृति पाते हैं ।
प्रेम रस में घुल जाते हैं ।
कविता वही बन जाते हैं ।।

डॉ. मीरा त्रिपाठी पांडेय

क से ज़िन्दगी

कुछ लिखती हूँ...
कुछ पढ़ती हूँ...
कुछ मन से बातें करती हूँ।
इस रात के अँधेरे में...
प्रकाश देती मोमबत्ती के घेरे में...
मैं लिखती हूँ, ज़िन्दगी...

जज़्बातों की रात है...
सितारों का साथ है...
सपनो से भरी रात है...
जीवन का कैसा आलम है...
हाथ में पंख का कलम है।

मन बड़ा ही अविचल है...
झँझावातों का जंगल है...
स्मृतियों का झमेला है...
जीवन एक सुन्दर मेला है...
लिखता मन अलबेला है।

समन्दर देखो पास खड़ा है...
जीवन का इतिहास बड़ा है...

डॉ. मीरा त्रिपाठी पांडेय

रात के अँधेरे हैं...
तम के घनेरे हैं...
पिघल रही मोम है...
जलता प्रकाश है...
पंख की कलम है...
आशाओं का आलम है...

ज़िन्दगी कह रही इक नयी कहानी
क से कलम
क से कर्म
क से कहानी
दुनिया है आनी- जानी
इसी में लेखनी बन जाती ज़िन्दगानी ।।

माँ

माँ तो केवल माँ होती है।
वह ममता की जहाँ होती है।

सृष्टि में भी माँ रहती है।
दृष्टि में भी माँ रहती है।

माँ की अमर कहानी है,
जानी है, पहचानी है।।

प्यार ही प्यार आँचल में उसके।
और आँखों में पानी है।।

माँ ममता की मूरत है।
मन उसका खूबसूरत है।।

माँ की ममता सहज-सुरीली।
नित नई नई कहानी है।।

देती है, नहीं लेती है।
और कसीदे पढ़ती है।।

माँ तू इतनी भोली है।
माँ तू कितनी भोली है।।

सारे संबंधों में बँध कर।
माँ तू सबकी हो ली है।।

डॉ. मीरा त्रिपाठी पांडेय

मैं छुई मुई नहीं

नहीं नहीं नहीं...
मैं छुई मुई नहीं

मैं तो धधकती चिंगारी हूँ,
मैं भारत की नारी हूँ ।।

नहीं नहीं...

अपनेपन में वारी हूँ,
अपनेपन में हारी हूँ ।

दिल में आग लगाती हूँ,
दिल से आग बुझाती हूँ ।।

नहीं नहीं...

दिल से दिमाग का संयोजन करती हूँ,
करती आई हूँ ।

रब से मीरा नाता है,
नाते में अपनापन है ।

रीतेपन से दूरी है,
दूरी आग लगाती है ।।

नहीं नहीं...

स्नेह की धार बहाती हूँ ।
अमृत मैं बन जाती हूँ ।
अग्निपरीक्षा से उत्तीर्ण हूँ ।

डॉ. मीरा त्रिपाठी पांडेय

वसुंधरा में समाती हूँ
नहीं नहीं...

रोती हूँ, जग खोती हूँ ।
जल बन कर, निर्मल होती हूँ ।
उतनी ही शीतल होती हूँ ।
अश्रु जल से मन धोती हूँ ।।

नहीं नहीं...

जल में मैं हूँ ।
थल में मैं हूँ ।
मन के हर दर्पण में मैं हूँ ।
मैं तो मैं हूँ ।
मैं से मैं हूँ ।।

नहीं नहीं...

इतनी पावन काया मेरी,
पावनता सी माया मेरी ।
तन मन के इस दर्पण पर,
विचलित होती छाया मेरी ।।

नहीं नहीं नहीं...
मैं छुई मुई नही

डॉ. मीरा त्रिपाठी पांडेय

अंतर्दृष्टि

तुम दूर दूर, मैं पास पास ।
यह कैसा उपहास, हास ।।

जीवन का सफर अकेला है ।
इसमें रिश्तों का मेला है ।।

कुछ बनते और, बिगड़ते हैं ।
कुछ रिश्ते मन में, पलते हैं ।।

हम जिनको समझ नहीं पाते हैं ।
वो रिश्ते हमें खास बनाते हैं ।।

पा कर भी मैं, पा न सकी...
तेरी दुनिया में मैं, आ न सकी...

जीवन की यह परवशता है ।
आह! यह कैसी विवशता है ।।

मैं मीरा, अपने मोहन की ।
मैं सीता, अपने भगवन की ।।

मैं राधा हूं, मुरलीधर की ।
मैं स्वयं सुशीला, नटवर की ।।

डॉ. मीरा त्रिपाठी पांडेय

...उस मीरा से इस मीरा तक

हद की यात्रा की है हिन्दी,
उस मीरा से इस मीरा तक।

हिन्द महासागर से गहरी,
भावमयी है प्रवाहमयी है।

कबीर सूर तुलसी की बानी,
उस मीरा से इस मीरा तक।

प्रेम रस बरसाने वाली,
सुर सरिता में नहाने वाली।

सराबोर करती है हिन्दी,
उस मीरा से इस मीरा तक।

स्नेहमयी उपचार मयी,
हिन्दी है, संगीत की देवी, हिन्दी मां।

रसविभोर करती है हिन्दी,
उस मीरा से इस मीरा तक।

समर्पण की भाषा है हिन्दी,
मन अर्पण की भाषा है हिन्दी।

तर्पण करती, छल छल बहती,
गंगा की धारा है हिन्दी,
उस मीरा से इस मीरा तक।।

डॉ. मीरा त्रिपाठी पांडेय

बुरूँश..

बुरूँश जब फूलता है ना...
तो पूरा जंगल जल जाता है...
ताप से नहीं...
बल्कि, उसकी लालिमा की भाषा से...
रूपायित हो कर और
पूरा जंगल बुरूँशमयी हो जाता है...

सूरज की, पीली रोशनी में...
अनुरागी हो जाता है...
ठीक, तुम्हारे जैसे...
जंगल के ठूँठ वृक्षों में...
पहाड़ों पर...
बुरूँश, प्रकृति का नैवेद्य बन कर...
बहुत कुछ कह देता है...

हरियाली सुमन हो रही अनुरागी मन से...
ढूँढता, आखिर पाता है...
उसकी खुशबू,
जैसे सूरज चूमता आसमां को...
और देखता इन गुलाबी गुलों को...।।

डॉ. मीरा त्रिपाठी पांडेय

बरखा रानी

(१) बरखा रानी आने वाली है ।
धरा पर बदली छाने वाली है ।
सावन मन होने वाला है ।
राधा कजरी गाने वाली है ।

(२) काली बदरिया छाने वाली है ।
झील इतराने वाली है ।
सरिता सागर से मिलने वाली है ।
धरती अम्बर पाने वाली है ।

(३) मन में खुशियाँ आने वाली हैं ।
मनमोहन की बंसी बजेगी ।
राधा की पायल छनकेगी ।
देखो बरखा आने वाली है ।

(४) रासलीला होने वाली है ।
हरीतिमा छाने वाली है ।
मनमयूर का नर्तन होगा ।
सावन का अभ्यर्थन होगा ।

(५) मधुमास फिर आने वाला है ।
प्यासी धरती जोह रही है ।
मन का आँचल खोल रही है ।
बहुत कुछ होने वाला है ।

डॉ. मीरा त्रिपाठी पांडेय

(६) प्रीत प्यासी खड़ी हो गयी ।
बरखा रानी बड़ी हो गयी ।
प्रेम प्रीत अब मिलने वाले हैं ।
वसुधा अम्बर चूमने वाली है ।।

मौसम की पहली फुहार

बारिश की पहली फुहार...
कर गयी जीवन रसधार...
रिमझिम रिमझिम बूँदें अपार...
लायी धरती पर अमृतधार...
धारा ने किया प्रणय स्वीकार...

बारिश की पहली फुहार...
बरसा धरती पर गगन का प्यार...
जीवन है, बहती रसधार
मेघों का है, प्रथम अनुहार...
ख़ुशी, यह जीवन में आये बार बार...

बूँदों की जयमाला ले कर...
गगन ने दिखलाया है प्यार...
मौसम की आयी देखो पहली फुहार....
लेकर खुशियां हज़ार, मौसम आया मन के द्वार... ।।

पिता तो आखिर...पिता होता है

पिता तो आखिर पिता होता है
पिता के जैसे कुछ भी नहीं... कोई भी नहीं

बेटी का हो या बेटे का
पिता तो आखिर पिता होता है

सभी रिश्तों में उनको ढूँढो
नहीं कोई रिश्ता उनके जैसा ।।

दशकों बाद मैं गाँव गई थी
पिता की यादें घर में समाहित
भाइयों ने धन दौलत बाँटा
मैं यादों को लेकर आयी

मन गहरा सागर जैसा
नारियल जैसा उनका तन था
नरमी थी बातों में उनके
गुलाब के जैसी मन में चुभन थी

हर रिश्ते में ढूँढ रही हूँ
आज तक ना ढूँढ पायी हूँ

हर सवाल के थे जवाब वह
उनका कोई जवाब नहीं था ।।

डॉ. मीरा त्रिपाठी पांडेय

बादल बनकर...

बादल बनकर पानी बरसा सकते हो तुम...
जहाँ में आ सकते हो तुम...

रुई का फाहा बनकर सन्देश सुना सकते हो तुम...
जगत को हरषा सकते हो तुम...

मन को महका सकते हो तुम...
प्रीत को बहका सकते हो तुम...
रीत को सहला सकते हो तुम...

प्रणय का गीत गा सकते हो तुम...
प्रणव का हुँकार सुना सकते हो तुम...

प्रेम की रीत निभा सकते हो तुम...
मनुहारों में आ सकते हो तुम...

महा चुम्बन का अधिकार तुम्हारा है।
ॐ के आलिंगन का प्यार तुम्हारा है।
सत्यम। शिवम। सुंदरम के सुमनों का हार तुम्हारा है।

प्रीत बिना ज़िन्दगी अच्छी नहीं लगती,
प्रेम का सागर लहरा सकते हो तुम... ।।

डॉ. मीरा त्रिपाठी पांडेय

योग

सम्यक ज्ञान ही योग है...
जो, डूबा सो पार ।
योग हमें ईश्वर से जोड़े...
आत्मचेतन संसार ।

योग हमें भगवान से जोड़े...
तन मन का आगार ।
परम तत्व है, प्राण शक्ति यह...
मुक्त करे संसार ।

योग का अंतिम रूप, समाधि...
हर धर्मों का सार ।
सहज ज्ञान, निर्वाण योग है...
कैवल्य ज्ञान और समाधि ।

योग में है मुक्ति का द्वार...
योग में है दुनिया संसार ।
योग नहीं तो वियोग है...
परम योग है हरी का द्वार ।।

सुर

गंगा सी जल धारा हो ।
सुर आकंठ अपारा हो ।।

सुरों की देवी, जय हो ।
स्वर स्वामिनी, जय हो ।।

हे! राग रागिनी, सुर मलिका ।
हे! कोमल कंठी, स्वर साधिका ।

सात सुरों की मलिका तू ।
माँ भारती की जनिका तू ।।

सुरों की सारिका हो तुम ।
हे! कंठ मोहिनी, सुर देवी ।।

सुरों की देवी को प्रणाम ।
साक्षात, शारदे को अभिराम ।।

हे! सुरमयी, हे! सुर- ध्वनिका ।
हे! राग रागिनी, हे! स्वर मलिका ।।

हे! चिन्मयी, हे! सुर- सारंगे ।
हे! स्वर साधिके, हे! सुर लतिके ।।

डॉ. मीरा त्रिपाठी पांडेय

हे! संगीत की देवी, हे! आराध्या।
हे! वागीरथी, हे! सुरसारिताद्या।।

हे! संगीत की देवी संगीता।
हे! सुरमयी सी भगवत गीता।।

हे! ललाम लतिका लता।
हे! मानवी मानिनी कविता।।

कौन कहता है कि हिंदी, हिन्द की भाषा नहीं है?

हिंदी है, तो हम हैं ।
हम से हमारी हिंदी है ।
हिंदी में जय हिंद का नारा ।
मानवता को प्यारा है ।

कौन कहता है...

हिन्द महासागर से गहरी,
हिंदी की गहरायी है ।
सातो महासागर से जुड़ कर,
देखो! हिंदी आयी है ।
कौन कहता है?...
हिंदी हिन्द की भाषा नहीं है ।।

गीतों में ढल जाने वाली,
जीवन संगीत सुनाने वाली ।
पथ- पथ राह बताने वाली,
सुन्दर, सुमुखि और सवाली ।
कौन कहता है...?

वसुंधरा का धैर्य है हिंदी,
आसमान का शौर्य है हिंदी ।
सूरज, चाँद और तारावलियाँ,
प्रकृति की सिरमौर है हिंदी ।

डॉ. मीरा त्रिपाठी पांडेय

कौन कहता है?...
हिंदी हिन्द की भाषा नहीं है ।।

हिन्द की हिंदी

चाहत का दीप जलाऊँगी ।
चाह तेरी बन जाऊँगी ।

चाह की राह में,
राह की चाह में...

जीवन समर्पित कर जाऊंगी ।
हिन्द की बेटी, हिंदी हूँ मैं ।
मातृभूमि की बिंदी हूँ मैं ।

माँ की ममता की रसपान हूँ ।
बाप की क्षमता की मैं मान हूँ ।
मैं मोहन की मीरा हूँ ।
नदियों में मैं, सदा नीरा हूँ ।

देवनागरी लिपि है मेरी ।
मैं उसकी कुर्बानी हूँ ।
सरिता सी बहती रहती हूँ ।
सागर से मिलती रहती हूँ ।

माँ की ममता की कहानी हूँ ।
माँ के सपनों की रानी हूँ ।
मन को पुष्पित करती हूँ ।
आत्म को सुस्मित करती हूँ ।
रिश्तों को महकाती हूँ ।

सुमनों को चहकाती हूँ ।

स्नेह बरसाती हूँ ।
मैं हिंदी हूँ ।।
ह्रदय में बसती हूँ ।
मैं हिंदी हूँ ।।

कौन कहता है...

कौन कहता है कि तुम सिर्फ नारी हो ?

है तुम्हारा काम सुबहो - शाम तक...
काम का अंजाम, आठों याम तक...
वक्ष में सारे जहाँ की पीर है...
समेटने को दर्द की जागीर है ।

सारे जहाँ में तुम सब से न्यारी हो...
कौन कहता है कि तुम सिर्फ नारी हो ।?।

नदियों से ज़्यादा गहरा है,
तेरे मन का कोना...
कभी है उसका पाना तो,
कभी है उसका खोना...
खोने और पाने में ही, सारा जग हारी हो...

कौन कहता है कि तुम सिर्फ नारी हो ... ।।

डॉ. मीरा त्रिपाठी पांडेय

कौन कहता है कि तुम केवल नदी हो?

कौन कहता है कि तुम केवल नदी हो?
तुम सुकोमल सृष्टि स्रष्टा के सृजन की,
साधना की दृष्टि तापस के लगन की,
स्वर्ग ही उतरा धरा पर तरल हो कर sss...
कौन कहता है कि तुम केवल नदी हो।

है, तुम्हारा भाल हिमगिरि से गगन तक... (२)
देह का विस्तार सागर से चरण तक... (२)
वक्ष में भगवान शिव काशी सहित हैं।
वन्दने तुम! वन्दना की श्री पदी हो sss... (२)
कौन कहता है कि तुम केवल नदी हो?

तुम जहाँ बंजर वसन्ती गीत गाते,
तुम जहाँ मधुबन वहीं पर मुस्कुराते
नित्य बसते हैं, नगर तेरे तटों पर... (२)
तुम सुरत्ने रत्न से नखशिख लदी हो... (२)
कौन कहता है कि तुम केवल नदी हो?

पाप की भी पुण्य की भी एक जननी... (२)
तुम दलित की त्राण तम संताप हरणीं,
हर कलुष के भाल पर चंदन लगातीं... (२)
तुम अकाले काल की शाश्वत सदी हो sss...
कौन कहता है कि तुम केवल नदी हो sss?

अमलतास

यह जो बचे हुए हैं, पल...
इनको जी लो, जी भर...

(1) संकल्प सरलता साथ चली...
झीनी झीनी बरसात चली...
मन की पगड़ी बाँध चली...
तन मन ओढ़े साथ चली...

(२) कोयल बोले डार डार...
मन कूहुँके ऐसे बार बार...
शीतल मंद बयार चली...
सुरभित पवन पखार चली...

(३) संकल्पित प्रेम का मौसम है...
प्रकृति का दूसरा सावन है...
तन सावन, मन फागुन है...
अमलतास मनभावन है...

मेरा वतन

अपना प्यारा दुलारा वतन चाहिए...
जो मिले मन से वैसा ही मन चाहिए ।।

वेद पाठी बने अब जतन चाहिए...
अपना प्यारा दुलारा वतन चाहिए...

जिंदगी जल रही धूप की आँच में,
रोटियाँ चाहिए, घर वसन चाहिए ।

भूख से तड़फड़ाकर ना कोई मरे,
ऐसा खुशहाल होना चमन चाहिए ।।

सबकी पूजा का तो एक ही ध्येय है
चैन मन में, चमन में, अमन चाहिए ।

खून का रंग है लाल सबका यहाँ
एक सा ही यहाँ होना मन चाहिए ।

दूसरों की व्यथा अपनी समझे सभी,
इसकी खातिर वहीं आचरण चाहिए ।।

मंजिले सबकी आसान हो जाएंगी,
राह में साथ चलते चरन चाहिए ।

डॉ. मीरा त्रिपाठी पांडेय

आदमी हैं सभी आदमी के लिए,
अन्त में चार गज़ ही कफ़न चाहिए ।।

डॉ. मीरा त्रिपाठी पांडेय

देश हित

जहाँ दूध की नदियाँ बहती...
मदिरा का था नाम नहीं...
ज्ञान ज्योति प्रज्वलित निरंतर...
कलुषित होती शाम नहीं ।।

ऐसी पावन धरती अपनी...
ऐसा देश हमारा है...
सागर चरण पखारे माथे...
हिमगिरि मुकुट सँवारा है ।।

सरयू के तट बसी अयोध्या...
जन्मे हैं श्री राम यहीं...
सरस सुखद भ्रज भूमि रचाये है, लीला घनश्याम यहीं ।।

गौतम बुद्ध, शिवा, राणा,
प्रताप की पावन धरती है...
सारे जग की ज्ञान शिखा है...
सबको ज्योतित करती है ।।

राष्ट्र ध्वज ही धर्म पताका...
सबको एक बनाता है...
देश धर्म ही सबसे ऊंचा...
है यह पाठ पढ़ाता है ।।

ऐसे में, आतंकवाद की चाल न हम चलने देंगे...

उग्रवादियों, सुन लो! तेरी दाल न हम गलने देंगे ।।

आज़ादी की बेलि लहू से...
सीची जिसे शहीदों ने...
सुख समृद्धि की, सुघर कल्पना...
पाली थी उम्मीदों ने...

इसकी रक्षा हित सबकुछ निछावर हम कर सकते हैं...
जननी जन्मभूमि की खातिर, हम सब मर सकते हैं ।।

राष्ट्र की शान

भारत की तो शान अमर है।
सारे जहाँ में नाम अमर है।
सारे जग से प्यारा है।
भारत वर्ष हमारा है।।

स्वर्णिम दिन थे।
रजत की रातें।
अमावस्या का था नाम नहीं।
ऋषिवर मुनिजन वाली धरती।
मां भारती की थी शान यहीं।।

गंगा जमुनी संस्कृति वाला।
पावन प्रखर आर्यावर्त।
धानी चूनरी ओढ़ी हरीतिमा।
चाँदी जैसे चंदन पर्वत।

कल - कल गंगा, छल - छल जमूना।
जल बरसाती, आती जाती।
मन के अंतरतम में।
हर - हर महादेव की धुन बन जाती।।

डॉ. मीरा त्रिपाठी पांडेय

स्नेहिल मन

स्नेहिल मन से बँधा वतन चाहिए...
कामयाबी का यूँ ही जतन चाहिए...

लोग मिलते रहें...
बात होती रहे...
प्रात होता रहे...
शाम होती रहे...
संध्या का बस आचमन चाहिए...
कामयाबी...

प्रीत गागर उडेलूँ तो सरिता बहे...
मन का सागर समेटूँ तो पूर्वा बहे...
गागर से सागर का मिलन चाहिए...
कामयाबी...

हद से ज़्यादा ख़ुशी, हद से ज़्यादा ग़म...
वक़्त का मिल गया मरहम...
इस मरहम पर थोड़ा रहम चाहिए
कामयाबी को यूँ ही जतन चाहिए ।।

सस्वर

दर्द हमारा लगता है।
प्यार सहारा लगता है।।

प्रीत पुरानी लगती है।
कोई कहानी लगती है।।

फूलों से सीखो मुस्काना।
कलियों से सीखो खिलजाना।।

अपनों से सीखो मिल जाना।
सपनों से सीखो अनजाना।।

प्यार सुहाना लगता है।
सारा ज़माना लगता है।।

मन से मन का नाता है।
मन से मन को भाता है।।

मन माने की बात है मीरा।
दिखता है पत्थर में हीरा।।

कोई आता है, कोई जाता है।
मन संकल्प बनाता है।।

सन्नाटे में भी एक स्वर है।
सारी सृष्टि सस्वर है।।

डॉ. मीरा त्रिपाठी पांडेय

प्यार

प्यार प्यार करते हो।
कितना प्यार करते हो।
खुद से प्यार करते हो।
या खुदा से प्यार करते हो।

प्यार प्यार करते हो...

प्यार खुदा का मंज़र है।
प्यार सब के अंदर है।
प्यार ही ईश्वर है।
प्यार ही सत्वर है।

प्यार प्यार करते हो...

चाहत में प्यार होता है।
रहमत में प्यार होता है।
दुआ में प्यार होता है।
खुदा में प्यार होता है।

प्यार प्यार करते हो...

फुर्कत में प्यार होता है।
रुखसत में प्यार होता है।
सज़ा में प्यार होता है।
फ़िज़ा में प्यार होता है।

प्यार प्यार करते हो...

आभा में प्यार होता है।
विभा में प्यार होता है।

प्यार कहाँ छोटा है ।
प्यार बड़ा होता है ।

प्यार प्यार करते हो...
कितना प्यार करते हो... ।।

संकल्प

संकल्प भरा जीवन है ।
संकल्पित यह मन है ।
मन में मनमोहन हैं ।
जीवन तो, मधुबन है ।

संकल्पों का द्वार है ।
राधा मीरा का प्यार है ।
मधुमासो का मेला है ।
जीवन तो, इक खेला है ।

प्रीत की दरिया बहती है ।
रिश्ते यूँ ही बनते है ।
अश्रुपूरित नयनों में...
प्रीत के आंसू झरते हैं ।

संकल्पों का सागर है ।
उसमें भाव उमड़ते हैं ।
महा मिलन के केंद्रबिंदु पर...
निजता के सुमन तो खिलते हैं ।।

ख़ुशी

देने से ही मिलती है ख़ुशी ।
सच्चा सुख देती है ख़ुशी ।
ज्ञान में बसती है ख़ुशी ।
स्वयं में ही रहती है ख़ुशी ।।

देने से ही मिलती है ख़ुशी ।

आनंद देती है, ख़ुशी ।
परमानंद देती है ख़ुशी ।
ध्यान में ही रहती है ख़ुशी ।
खुश रहने का एहसास है ख़ुशी ।
अर्तध्यान देती है ख़ुशी ।।

देने से ही मिलती है ख़ुशी ।
मिलने से होती है ख़ुशी ।
दबे पाँव आती है ख़ुशी ।
आँगन निहारती है ख़ुशी ।
मीठी मीठी बोली है ख़ुशी ।।

सन्देश लाती है ख़ुशी ।
बड़ी खूबसूरत है ख़ुशी ।
शब्दो में आती है ख़ुशी ।
लब्जो को भाती है ख़ुशी ।

दिल को सुहाती है ख़ुशी ।।

तुम जैसा कोई और नहीं...

न होगा कभी...
न हुआ है कभी...

हे महा प्रखर! तुम अखर गए...

तन से गए न...
न मन से गए...

हे महा मुकुट! हे रस स्रष्टा...
पराप्रकृति में पसर गए...।

लोग उसे कहते, गुरुर।

हे महा मुकुट तुम सँवर गए।

तेरे जैसा कोई और नहीं...
न होगा कभी ... ।।

पीर न मनमानी

सी दे, अधर।
सी दे, अधर अगर परवशता
नयनों को वाणी दें देना ...
दे... देना...।
जाने अंजाने ओ साथी

याद अगर मेरी आ जाए;
दर्पण में मेरी परछाई

उभरे, तेरे मन भा जाए।
धीरे धीरे ही गागर को सागर का पानी दें देना...
दे देना...

ना... ना... ना...
परछाई तो परछाई है,
साथ न छोडेगी अपना।
लेकिन मेरे मन को देखो,
किस हद तक साथ निभाता।
दर्द भी अपना, प्रीत भी अपनी,
पीर न मनमानी दें देना...
सी दे, अधर अगर परवशता
नयनों को वाणी दे देना ।।

डॉ. मीरा त्रिपाठी पांडेय

अंतर्द्वंद

अंतर्द्वंद की नगरी में,
बजता है द्वंद का बाजा ।
इस रंगमहल में नहीं कोई रानी,
न रहता है, कोई राजा ।
देह में मन है, मन से देह आत्मा तो है,
जुदा-जुदा ।

अंतर्द्वंद परिधि में आया,
नहीं दिखता है, फिर खुद में खुदा ।
नारी जीवन सहज सरल है,
अमिय प्रेम की, निश्छल है ।
अंतर्द्वंद के भाव नगर में वह,
जब समझी जाती गरल है ।

अंतर्द्वंद का हां, ना सब उसके,
मन के अंदर है ।
सरिता सी बहती रहती वह,
समझो, तो उसे, समंदर है ।।
मनमाने की बात है, मीरा ।
दिखता है, पत्थर में हीरा ।।

तुम्हारी याद...

तुम्हारी याद क्या आई,
जन्म सौ याद हो आए ।

तुम्हारे नेह की डोरी, या चंदा की किरण पहली।
रविरथ चक्र से उद्‌भूत हो, पहले पहल निकली।
कभी हँसता है पागल मन, कभी अवसाद हो आए।

उड़ाया था कभी तुम ने, गगन के पार इस मन पको।
कभी तुम ने दिखाया, सिंधु का विस्तार इस मन को।
तुम्हारी कल्पना भर से, कलप आबाद हो आए।

कभी तुम ने मुझे ममता भरे पय पान से सींचा।
प्रणय की ज्याँ कभी तुम ने सुमन के बाण बन बींथा।
कभी मन आर्त पंछी सा, कभी मन व्याध हो जाए...।।

जाने कौन ?

मन के परत-दर-परत
आता जाता,
जाने कौन ...?

सुर लय के संगीत- भँवर में
स्वर लहराता
जाने कौन ...?

जीवन नैया भूलभुलैया,
पार लगाता
जाने कौन ...?

हर पल आता, हर पल जाता
चँवर डुलाता
जाने कौन ...?

पल - पल, छिन - छिन,
घड़ी - दो - घड़ी,
सिर सहलाता जाने कौन ...?

जीवन है इक ताना - बाना,
सपने बुनता
जाने कौन ...?

निजता के इस मन - मंदिर में,

डॉ. मीरा त्रिपाठी पांडेय

मन मधुकर करता
जाने कौन ...?

वहीं राम है, वहीं कृष्ण है,
वहीं ध्यान है, वहीं समाधि ।

राधा मीरा का अमर प्रेम है, वह
मत पूछो प्रेम रस बरसाता कौन ।।

मन की भाषा

मन्द मन्द मुस्कान है हिंदी
मधुर मधुर जयगान है हिंदी

दुःख दर्द सहलाने वाली
बीती रात भुलाने वाली

नेह की गागर भरने वाली
मीठी सी बातें करने वाली

दिशा दशा बतलाने वाली
कटुता दूर भगाने वाली

कुशल क्षेम पूछ लेने वाली
आदर भाव जताने वाली

हमारी अपनी सबकी भाषा
हिंदी है जन-मन की आशा

सहृदयता पर मिटने वाली
सुंदरता की छवि निराली

मधुर मधुर मन मोहिनी
रसनिग्ध सी सुवासिनी

हिंदी मन की बोली है।
आत्मा को छू ली है।।

डॉ. मीरा त्रिपाठी पांडेय

अमृत

१. अमृत रस
बरसाने वाली है
राधिका प्यारी ।

२. अमृत- विष
विषयांतर हुआ
देव असुर ।

३. चौदह रत्न
निकले सागर से
अमृतमय ।

४. अमृत प्रेम
सुधारस मिश्रित
रोम रोम में ।

५. सोम पीकर
सारे देवता बने
पियुष मय ।

६. पियुष रस
में पगी हुई बानी
सुधा मिश्रित ।

७. प्रेम दीवानी
मीरा पी गयी विष
अमृत मान।

८. तरु कदम्ब
नटवर नागर
अमृत स्वर।

९. कृष्ण कन्हैया
छमक छमक के
पियूष मैया।

१०. प्रेम पियासा
इस जगती पर
अमृत सरीखा।

११. अमृत प्रेम
दिखता जीवन में
दृढ़ निश्चय।।

हिंदी में मौन ?

मौन साधना है मेरी...
मौन आराधना है मेरी...

मौन भवन में रहती हूँ...
मौन मौन सब सहती हूँ...

मौन की पूजा करती हूँ...
मैं मौन मौन में रहती हूँ...

मौन तपस्या है मेरी...
सदा उपस्या है मेरी...

मौन ही मेरा योग है...
मौन ही मेरा संयोग है...

मौन ही आधार है मेरा...
मौन ही सम्भार है मेरा...

मौन हैं सड़के, मौन हैं गलियाँ...
मौन सुमन है, मौन हैं कलियाँ...

मौन की वाणी बहुत कठिन हैं...

डॉ. मीरा त्रिपाठी पांडेय

ख़ामोशी का भाव जतिन है...

मौन को समझती, हिंदी हमारी बहुत सरल है।

हिंदी में मौन हूँ मैं...
मैं हिंदी हूँ...
मैं मौन हूँ...।।

नारी तुम...

• तुम प्रेमिल हो, तुम कोमल हो ।
तुम स्नेहिल हो, तुम स्वप्निल हो ।

• सहज समर्पण है, तुझमें ।
पल - पल का अर्पण है, तुझमें ।

• तुम शक्तिपुँज, सुधान्वित हो ।
तुम नाजुक हो, पर क्रियान्वित हो ।

• कोमल हो, पर संबल हो ।
तुम राम, कृष्ण से ऊँपर हो ।

• तुम प्रेममयी, तुम अमृत हो ।
तुम सभ्यता, तुम संस्कृति हो ।

• मां, बेटी, पत्नी, बहना ।
रिश्तों की तुम हो गहना ।

• तुम मीरा, ममता, माया हो ।
सम्पूर्ण सृष्टि की जाया हो ।।

डॉ. मीरा त्रिपाठी पांडेय

अपनों से...

अपनों से बने
सपनों से बने

बन- बन के बने
बनते ही रहें
बनते ही गए
कुछ ऐसे बने
कुछ वैसे बने
सब कैसे बने

बन- बन के बने...

मन- मन से बने
मन में बन गए
मन के बन गए
मन ही मन में

मन के आँगन में...
मन के दर्पण में
पारदर्शी बनें
स्वयंदर्शी बनें

बन- बन के बने
बनते ही रहे...

कभी कुछ न कहे
कहते ही रहे
बन के बिगड़े
तो बिगड़ गए

बिगड़े ही रहे
अब बन न सके

पा- पाकर जो पा जाता है,
बीच मझधारे रह जाता है।
पा कर भी जो ना पाए,
वही किनारे जा पाता है।।

यह प्रेम ही है,
परिभाषित है।
अंतश्चेतना का...
अंतर्मन का...
अंतश्च का... ।।

समाधि के स्वर

मैं ध्यान योगिनी हूँ...
पल पल की मोहिनी हूँ...

मोहन की बातें करती हूँ...
मैं ध्यान योग में रहती हूँ।

आठों आयाम मेरा है...
प्राणायाम का डेरा है...

आसमान में आसन है...
इतना बड़ा सुशासन है।

प्रत्याहार की बातें है...
स्वल्पाहार सिखाते हैं...

आठों याम ध्यान में जाता...
मानव मन प्रखर हो जाता।

धारणा धारण करती हूँ...
अनवरत् समाधि में रहती हूँ...।।

मन के आर पार

मन के आर पार,
एक दीप जलता है...
स्नेह दीप जलता है।

दीप जहाँ जलता है,
प्रेम वहाँ पलता है...
मन ही मन पलता है।

सौ सुखों का एक दुख,
दो दुखों का एक सुख...
दो सुखों का एक सुख...
मन ही मन पलता है।

किसी किसी की ख्वाहिश हूँ...
किसी किसी की चाहत हूँ...
चाहत की राहत हूँ।
स्नेह सुमन खिलता है।।

डॉ. मीरा त्रिपाठी पांडेय

सरहद

तुमसे भी ज़्यादा तुम्हें जानती हूँ ।
मानो न मानो, मैं सब जानती हूँ ।

मैं तुमसे भी ज़्यादा तुम्हें जानती हूँ...

नाराज़ हो कर यूँ तुम न जाना ।
तुम्हारी सब फितरत जानती हूँ ।

मैं तुमसे भी ज़्यादा तुम्हें जानती हूँ...

मन में सफर है, जाना किधर है ।
जाने की सारी सरहद जानती हूँ ।

मैं तुमसे भी ज़्यादा तुम्हें जानती हूँ...

फ़ूल सा आँचल नम होता है ।
ऊँपर से थोड़ा ग़म होता है ।

मैं तुमसे भी ज़्यादा तुम्हें जानती हूँ...

वक़्त तुम्हारा तुम्हें मुबारक ।
मैं तो बस रब को ही मानती हूँ ।।

पर, तुमसे ज़्यादा तुम्हें जानती हूँ ।।

अनोखी प्यास...

(कन्या भ्रूण)

मैं अनोखी प्यास हूँ
ज़िन्दगी की हास हूँ ।।

मौन है मेरा क्षरण
सब करते मेरा वरण ।।

ज़िन्दगी के हाशिये पे
अधजली सी लाश हूँ ।।

मैं, अनोखी प्यास हूँ ।।

कब उदय, कब अंत है
मेरा न कोई बसंत है ।।

डाल से टूटी हुई मैं
बस वही इक पात हूँ ।।

मैं, अनोखी प्यास हूँ ।।

जीत भी हूँ, हार भी
अपनों का तिरस्कार भी ।।

डॉ. मीरा त्रिपाठी पांडेय

जो चमन में ना बही
बस वही बयार हूँ ।।

मैं, अनोखी प्यास हूँ ।।
कब बनी, कब मिट गयी
माँ के पेट में घूँट गयी ।।

मैं वही वनवास हूँ
अपनों का इतिहास हूँ ।।

मैं, अनोखी प्यास हूँ ।।

सुमन

हमसफ़र जो मिला...
मन सुमन यूँ खिला...।

रात खुशियों भरी...
दिन सुहाना हुआ...।

हाथ में हाथ है...
जनमों का साथ है...।

आज हमसे अलग...
यह ज़माना हुआ...।

प्रीत की बाँह में...
ख़्वाब के गाँव में...।

अब तो अपना अलग...
ही तराना हुआ...।।

सैलाब

1 सैलाब आया
दो नयन हमारे
मीत मिलन
पुलकित हैं यादें
चाहती तुम्हे सदा ।

2 पलता नेह
हर पल पल में
प्रेम दरिया
नदी नाले झरने
बहे झील सरिता ।

3 महासागर
में तो मिली नदियाँ
गंगा यमुना
वर्षा ऋतु में जल
हौले हौले बरसे ।

4 मनमोहिनी
या है जगमोहिनी
मीरा दिवानी
आयी है राधा रानी
करती मनमानी ।

5 मन मयूरी
नाचेगी हरदम
राधा के जैसी

डॉ. मीरा त्रिपाठी पांडेय

गोपियाँ अभिराम
सुंदरता की मूर्ति ।

6 कृष्ण कन्हैया
नटवर नागर
आएंगे द्वार
नवनीत खायेंगे
सुरास रचायेंगे ।

7 कृष्ण सुदामा
सुन्दर लागे आना
मित्र मिलन
जीवन अप्रतिम
सुखी हुआ संसार ।।

यादें

यादों की बरसात हुई है,
मन के आँगन में...

मुस्कुराती रात हुई है,
आनन फानन में...

कोई ऐसी बात हुई है,
साजन के मन में...

महासमर्पण उभर गया है,
मन के दर्पण में...

जल्दी ही अब प्रात हुई है,
घनेरे कानन में...

रसनिग्ध सी प्यास लगी है,
मन के अंतर्मन में... ।।

तुम्हारे लिए

मैंने गीत लिखे, तुम गाओ... (२)
इन गीतों के प्राण तृषित हैं,
इनकी तृषा बुझाओ ।

एक तरफ यह दुर्गम पथ है
दूजा तुम तक जाएँ,
ऐसे में तुम ही कह दो,
अब कौन किधर को जाएँ?

सघन- निविड़तम, निश्चेतन, मन
तुम ही राह दिखाओ ।।

मैंने गीत...

एक तरफ वेदना विकल है,
एक तरफ सुख निर्झर
मुखरित हो, आवाहन करता
है, जीवन पथ पर सत्वर
पर, गतिहीन चरण मेरे हैं,
कोई गति दे जाओ ।।

मैंने गीत लिखे....

नाप सका है, कौन भला स्नेहोदधि की गहराई
जितना गहरा डूब सके मन
उतनी ही तरुणाई ।।

एक विशाखा सा मन व्याकुल,
चंद्रछटा दिखलाओ ।।

मैंने गीत लिखे...

छू जाते हैं नील गगन आँगन को उड़ते पंछी
मेरे भी प्राणों में भर दो वह गति मेरे साथी
तुम बिन निरा उपेक्षित जीवन
बाँह गहो दुलराओ ।।

मैंने गीत लिखे, तुम गाओ... (२)

समर्पणें

समर्पणें...

तेरी लगन कैसी?
परम भाव से समर्पित
ह्रदय में अजस्र धारा बहाती...

समर्पणें...

तेरा अर्पण कैसा?
एकतरफा दान...
रहस्य भरा क्रंदन...

समर्पणें...

तेरी आह! कैसी?
मौन का स्वीकार कैसा?
जीवन सफल दर्पण जैसा...
तो फिर दर्पण कैसा?

समर्पणें...

जीवनधारा प्रश्न चिन्ह बनी?
मुखड़े का दोष या दर्पण का?
प्रश्न हुये लंगड़े, दाता कहे क्या?

समर्पणें...

फिर अर्पण का भाव कैसा?

ऐसा लगता है....

उर में कुछ ऐसा लगता है... (२)

सारा जीवन रीता रीता
नीर धार सी बहता है...

उर में...

पावन पीड़ा मेहमान बनी
अभ्यागत स्वागत करता है...

उर में...

आशा मृगतृष्णा सा मन व्याकुल
मौन बहुत कुछ कहता है...

उर में...

शाश्वत प्रेम की परिभाषा
दर्शन उद्धृत करता है...

उर में....

त्याग समर्पण जीवन भर
प्रेम उधारी करता है...

उर में...
जब अब्यय ही अव्यक्त बना...
फिर मौन सहारा देता है...

उर में कुछ ऐसा लगता है... (२)

अनुहार

पर, वो न आये,
इंतज़ार करना क्या... (२)
कहते- कहते...
सुनते- सुनते...
पल बीते, दिन ढले
पर, वो न आये,
इंतज़ार करना क्या...

बदली छायी है,
घटा आयी है
बेरुखी शाम अपना रंग लायी है,
पर, वो न आये,
इंतज़ार करना क्या...

घड़ी इंतज़ार की,
तेरे मेरे प्यार की,
बीत जाये सपनों में
फिर उनकी अनुहार की,
पर, वो न आये,
इंतज़ार करना क्या...

तन का मिलन, जी का जलन

मन का मिलन, हिय का लगन
ख़्वाबों में ही हो जाये....
पर, वो न आये,
इंतज़ार करना क्या...

रात आधी थी,
बात बाकी थी,
अब अपना ही मन,
बहुत कुछ कह जाये...

पर, वो न आये,
अब इंतज़ार करना क्या... (२)

नूपुरों के स्वर तुम्हारे

देखती हूँ जिस नयन से, ज्योति है उसमें तुम्हारी ।
डोलती हूँ जिस चरण से, शक्ति है उसमें तुम्हारी ।
शब्द रह जाते अशब्दित जब तलक तुम कुछ न बोलो ।
कौन कहता है कि मुझको बोलना आता नहीं है?

तुम सुकोमल कल्पना सी, हो निभृत इस प्राण तल में,
तुम चिरंतन भावना सी, हर सृजन के एक पल में,
नूपुरों के स्वर तुम्हारे, गीत को संगीत देते...
कौन कहता है कि मुझको गीत भी आता नहीं है?

हर कहीं मधुरिम अभीप्सित- सी मुझे उत्साह देती,
हर निराशा के सघनतमतोम में तुम चाह देती,
अर्चना के श्लोक में वाणी तुम्हारी बोलती है ।
कौन कहता है कि सर्जना का क्षण मुझे भाता नहीं है ?

प्राण तुम सर्वस्व हो, इस कटंकित जीवन नगर की,
प्राण तुम हिमसिन्धु हो, संतृप्त सिकता के डगर की,
शून्य हैं सब ओर- तुम बिन, है नहीं कुछ स्वत्व मेरा,
कौन कहता है कि जीना भी मुझे आता नहीं है ?

डॉ. मीरा त्रिपाठी पांडेय

आना वसंत निष्पंद विपिन में आना

जब हो न तरंगित मन में आस मिलन की,
जब हो न पिपासित मन में प्यास लगन की,
जब महाशून्य में स्वत्व विलय हो जाये,
जाना वसंत तुम कस्तूरी तब लाना ।

आना वसंत निष्पंद विपिन में आना...

जब घ्रांण प्राण से दूर विमुख हो जाये,
जब चंदनबन की हवा न सुख दे पाये
विषदान लगे करने जब चंद्रकलायें,
लाना वसंत तब खंचित सुधारस लाना ।

आना वसंत निष्पंद विपिन में आना...

जब मरू के सिकताकण जीवन से खेलें,
घिर उठें चतुर्दिक जब तिमिरावृत रेलें,
थक गिरे ह्रदय का हरिण, झेल मृगतृष्णा,
लाना वसंत तब सजल मेघ तुम लाना ।

आना वसंत निष्पंद विपिन में आना...

आओगे तुम सत्य- तुम्हे आना है ।

पर मैं न रहूँगी, तब मुझको जाना है।
तितली, भौरे, रसपंचसुरी, तब भी होंगे प्यारे वसंत
पाना वसंत तुम, स्वागत उनसे पाना।

आना वसंत निष्पंद विपिन में आना... ।।

गीतों में...

मुझे गीतों में ढलने दो...
प्रेम परिभाषित करने दो...

मुझे...

मन में चाह मिलन की...
उर में आह! सृजन की...
आह- चाह के अनुबंधों में
मुझे नव कुसुमित होने दो...

मुझे...

शब्द अर्थहीन बन जाते हैं...
गीतों का मान बढ़ाते हैं...
नवगीत तभी बन जाता है...
मुझे मनरंजित करने दो...

मुझे...

मुझे स्वप्नों में लहराने दो...
प्रीतम की प्यास बुझाने दो...

डॉ. मीरा त्रिपाठी पांडेय

प्रीत खिली है नयी- नयी...
मुझे रात प्रात की होने दो...

मुझे...

प्रेम पियूष है बड़ा अनोखा...
इसको किसी- किसी ने देखा...
हे मानस के राजहंस...
मन संचित करने दो...

मुझे गीतों में ढलने दो...
प्रेम परिभाषित करने दो... ।।

सरगम

प्राण! याचना से पहले ही
अपने गीत तुम्हे दे दूँगी।

मेरे गीत तुम्हे भाते हैं
इतना ही मुझको क्या कम है
सूने अधरों के कंपन पर
इन गीतों का ही सरगम है।

प्राण! पराजय से पहले ही,
अपनी जीत तुम्हे दे दूँगी।

बंदी कब कर पायी मन को
इस जग की ऊंची दीवारें
मोह न पायी इन नयनो को
नभ छूती जर्जर मीनारें।

प्राण! तनिक तुम स्वर दे दो तो
यह संगीत तुम्हे दे दूँगी।

देखो, शशिधर की किरणों को
धरती पर आती जाती हैं
कब तक नभ के आलिंगन में
वे निश्चेत सिमट पाती हैं।

प्राण! पसारो पंख तनिक तुम
नभ की प्रीत तुम्हे दे दूँगी।

माना भूल हुई है मुझसे
पर वह भी कितनी सुन्दर है
सरल ह्रदय की सहज बानगी
जो बाहर है वह अंदर है।

प्राण! मिलन के केंद्र बिंदु पर
मन का मीत तुम्हे दे दूँगी।

मौन तुम्हरा मुखर न होगा
इसका मुझको रंच न ग़म है
फिर भी तुमसे कुछ सुनने की
मेरी परवशता क्या कम है?

प्राण! मृषा क्यों तपन झेलते
अपनी शीत तुम्हे दे दूँगी।

पथ पर अनायास जो मिलते
उसने कैसा रिश्ता नाता
लेकिन मेरे मन को देखो
किस सीमा तक साथ निभाता।

प्राण! करो मत चंचल मन तुम
मन दस बीस तुम्हे दे दूँगी।

जब तटबंध छोड़ कर दो मन
प्रणयोंदधि में एक हो गये
तब संघर्षों की कटुता ने
शूलों पर ही फूल बो दिये ।

प्राण! जनम में मरण वरण कर
मन नवनीत तुम्हे दे दूँगी ।

सहमे नैनों से न निहारो
सहज सुप्रीत तुम्हे दे दूँगी ।।

डॉ. मीरा त्रिपाठी पांडेय

विदा दूँ... ?

किस तरह तुझको विदा दूँ आज प्रियतम प्राण मेरे
शब्द का संसार ज्यो निस्सार होकर सो गया है।

याद आते हैं तुम्हारे स्नेह से रसनिग्ध पल छिन
याद आते हैं तुम्हारे साथ में गुज़रे हुये दिन
याद आती है सितासित यामिनी श्रृंगारमाती
याद आती चन्द्रिका में क्षीर श्वेती जल प्रपाती
याद कर उस चीड़ वन के नीड़ की कंठ केकी
अतल मन में फिर न जाने आज क्या कुछ हो गया है।

किस तरह...

पूस की उन सर्दियों में ग्लेशियर- सा स्पर्श तेरा
माघ में स्वर्णिम पुरुष सा नित्य ही उत्कर्ष तेरा
फाल्गुनी पिचकारियों से रंग जो तुमने बिखेरे क्या कहूँ?
वे याद आते हैं सभी नवरंग घेरे
घाटियों के गीत की अनगूँज जो गूँजी कभी थी
उस सुरीली राग का अनुराग मन से रो गया है।

किस तरह...

चैत में चल पंचशर बन आम्र कूँजों की गली में
वह तुम्ही थे जो रहे मथते हृदय को इस कली में
जेठ में, वैशाख में, छाया तुम्ही ने दी शिखा पर

डॉ. मीरा त्रिपाठी पांडेय

और आर्द्रा की सजल जलदावली से मुखर अम्बर
फिर उतरने सा लगा है सजल सावन इस ह्रदय में
पर विदा की कल्पना से इंद्रधनु फिर खो गया है ।

किस तरह...
भाद्र में बादल सदृश जब दूर प्रिय परदेस छाये ।
क्वार में तुम डाकिया बन कर मुझे सन्देश लाये ।
दीपमाला में समन्वित ज्योति के त्योहार थे तुम,
क्यों भला अब बन गए हो, आज प्रिय मनुहार से तुम
शब्द हैं निस्पंद पर मन की समुर्वर मेदिनी पर
फिर न जाने बीज कोई आँसुओं के बो गया है

किस तरह तुमको विदा दूँ ।?।

आना- शाम ढले तब आना

नवसत कर श्रृंगार प्रिये तुम
पहन चन्द्रिका हार प्रिये तुम

दले हुए इस पीत दिवस पर...

अमृत धार बहाना...

आना... शाम ढले तब आना...

वह कुंकुम सिन्दूर राग वह
रव पंछी का मधुर फाग वह
नील गगन के तारक गण को

निष्ठुर प्रिये सुनाना...

आना... शाम ढले तब आना...

सुन पाऊँ जब नहीं गान मैं
गुन पाऊँ जब नहीं तान मैं

तब तुम सुमुखि निशा वेदी पर...

राग विहाग उठाना...

आना... शाम ढले तब आना...

देखा तुमसे दोष नहीं था
चाहा तुमको तोष नहीं था
अब अचेत निष्पंद ह्लदय पर

क्या अनुराग दिखाना...

आना... शाम ढले तब आना...

फिर आऊंगी सुबह जनम ले
स्यात् अभागा यही करम ले
फिर आशा का विजन डूला कर
मुझको प्रिये सुलाना...

आना... शाम ढले तब आना...।।

पनियायी आँखें

सहज हो चली थी मेरी कविता
तुम्ही ने तो इसे सहज बनाया था
तुम्ही ने कविताओं का पट खोला था
मेरे अंतर्मन से मन को जोड़ा था

सहज होना सरल तो नहीं है
अहम आड़े हाथ टकरा जाता है
मन भर आता है पलकों में
भरी आँखें बहुत कुछ कहती हैं

मन की भाषा इन पनियायी आँखों में देखो
बड़ा सहज है इन्हें देख कर समझना
समझने के बाद भी कुछ करना होता है
आँखों का मन से बड़ा गहरा रिश्ता है

मुझसे तेरा नाता लगता युगों पुराना
अब यहाँ आकर और कहीं नहीं जाना
हर एहसास के आँगन को गुलशन करना
चाहें जितना, लगता नहीं तेरे जैसा हो पाना ।।

आज बड़े ही सहज से लगे
और यही
सहजता
बड़ी मोहक
लगती है
तुम्हारी ही तरह

हाँ...
लेकिन, सहजता
कभी - कभी तो
आ पाती है
सच मानों
मैं सहज रहूँगा
तुम्हारे लिए
लेकिन
तुम्हीं तो कहती हो
मुझे अपनी समस्याओं
से जोड़ लो...
जानते हो...
कलम को शरूर हो गया है
और
इसके साथ - साथ मुझे, कुछ ज़रूर हो गया है।।

संस्कारों में...

जानते हो
मैंने पहले ही कहा था
हर कोई न तो प्यार कर सकता है
न कोई पा सकता है
यह तो
संस्कारों में पहले से
संचित होता है

कौन, किसे
और कैसे
प्यार करेगा
और पायेगा प्यार
यह हर किसी के वश
में नहीं
प्यार तपस्या है
और
तपस्या संस्कारों
में

फलीभूत होती है...
तुलसी ने तपस्या सिर्फ
ब्राह्म्णों के सर पर
थोपी थी

क्यों ?
धी में ही तप

संन्निहित होता है ना...
और
संस्कार का प्रतिफल प्यार

जन्मों - जन्मों का संचित
कर्म में सन्निविष्ट होता है।
जो अपने सपनों की
दुनिया में साकार होता है
सच, यही तो संचित प्यार होता है।।

क्यों छलते हो...?

क्यों छलते हो तुम बार- बार

मैं जीत लूंगी तुम्हे हार- हार
एक बार छले तुम

रामायण में (त्रेतायुग में)
जब मैं सीता थी
चौदह बरस तुम्हारे

चलते बन- बन में भटकी
राज मोह तुम छोड़ न पाये
बन के बिरहानल में मैं जली

एक बार छले तुम...

महाभारत में (द्वापरयुग में)
जब मैं द्रुपदसुता थी
रेहन रखें हमारे मन को
पाँच की हो कर भी
मैं किसी की न हो पायी
स्वयं बने धर्मराज
धर्मध्वजा पर मैं अटकी

एक बार छले तुम...

सतयुग में

जब मैं तारा थी
दानी हरिश्चंद्र का
मोह न छोड़ा
छोड़ गए मुझे निरा अकेला

बन- बन मैं भटकी

लिए पुत्र को...
लेकिन स्वयं कर्म का
मोह बड़ा था।

क्यों छलते हो तुम बार- बार... ??

इस तरह से...

इस तरह से नहीं अब तो शरमाइये
आइये आइये पास आजाइये

आइना ही बुलाने लगा प्यार से
आ के बस आईने में समा जाईये

हुस्न से इश्क़ की, इश्क़ से हुस्न की
दोस्ती, दोस्ती को निभाजाइये

दर्द से गीत है, गीत से दर्द है
दर्द को गीत सा गुनगुना जाइये

टूट जाये न डोरी कहीं आस की
प्यास प्राणों की आकर बुझा जाइये

हाथ में हाथ हो हर कदम साथ हो
प्यार के जाम हँस कर पिला जाईये

जो लकीरें हमें- आपकों बाँट दें
अपने हाथों से उनको मिटा जाईये

करता माटी का रिश्ता तकाज़ा यहीं
बस इसे टूटने से बचा जाईये

रह न जाये अंधेरा कहीं राह में
नेह का एक दीपक जला जाईये

जो हैं अपने हमेशा ही अपने रहें
बढ़ के उनको गले से लगा जाईये ।।

डॉ. मीरा त्रिपाठी पांडेय

सागर

मैं
ऊत्तुंग शिखर
से उतर कर
चली थी
सागर से मिलने
इतना बेदर्दी
सागर
जो समझ न सका
मेरा सदियों
का संचित
प्यार
यात्रा के मध्य मिला
अभिशापित
अवरोध
मैं फँसी, रुकी, टूटी
लेकिन
मेरे संवेगों में
संयोग, था सागर का
अथाह, गंभीर, सागर,
संवेदनाओं से भरपूर
अपनी
गहराई में थाहा था
जब मेरा प्यार
पाया मैंने उसमें
संवेदनाओं का ज्वार
सागर
वशिष्ट के राम की

तरह
स्वीकार लिया था
साकार किया
मेरा प्यार
और
अपनी तरुणाई

सच...
सागर तो सागर
है न...
उसके ज्वार भाटे
में
अवरोध कितना
टिकता
सागर के प्रारब्ध
में
अवरोध
संभव भी नहीं
साकार भी
नहीं
मैंने अब जाना
सागर का
स्वभाव
और उसका संचित
संस्कार
जो मेरे प्रारब्ध में सदियों पहले
संचित था और... है भी..।।

घेरे का आसमान

मेरे महाकाव्य की पीड़ा के
सूत्रधार, तुम्ही तो हो...
मैंने कब चाहा कि
मुझे पूरा आसमान मिले
लेकिन
मैं पूरे आसमान में उड़ना तो
चाहती थी
घेरे का आसमान
मुझे कब पसंद था
मैंने कब चाहा था
फिर उधार के सिन्दूर जैसे
घेरे का आसमान भी

नहीं चाहिए...

मुझे...
मेरे नियति की तबाही
संदर्भों में मेरे नियंता को भी

स्वीकार थी...
आसमान का घेरा
या मेरे लिए
घेरे का आसमान

मैंने वापस किया, उधार
के सिन्दूर की तरह दोनों
अपने हिस्से के घेरे का
आसमान भी

और, नायकत्व की भूमिका में
उनका संकल्प भी

डॉ. मीरा त्रिपाठी पांडेय

मैं अपनी पीड़ा में महाकाव्य रचूँगी

पीड़ा के रूप में मेरी रचना मुझे, उत्प्रेरित करती

रहेगी

और मैं,

जी लूँगी, अपनी
महाकाव्य की
पीड़ा में
महादेवी की तरह ।।

डॉ. मीरा त्रिपाठी पांडेय

सदियों बाद

सदियों बाद तुम्हे पायी हूँ... (२)
आने पर भी, अब पायी हूँ।

सदियों बाद...

जी नहीं सकते,

मर नहीं सकते,
तेरे बिना हम रह नहीं सकते
पाकर भी मैं, अनपायी हूँ

सदियों बाद...

गा नहीं सकते,

पा नहीं सकते,
जीवन में हम आ नहीं सकते
आ कर के भी कहाँ आयी हूँ?

सदियों बाद...

सह नहीं सकते,

कह नहीं सकते,
कहे बिना अब रह नहीं सकते
कहने को तो अब आयी हूँ।
सदियों बाद... ।।

डॉ. मीरा त्रिपाठी पांडेय

बादलों के पार

बादलों
के पार
तो
चाँद- तारों
का

देश है...
जो
निहारने में
बेहद
अपना लगता है
लेकिन
तुम्हारे

मन के आर- पार

क्या है?
जबकि
वह बेहद अपना है
लेकिन
मन मेरा

बार-बार
आशंकित हो उठता है
कहीं
मेरी यह सोच बेगानी
न हो जाए

क्यों? जानते हो
अपना मेरे प्रारब्ध
में नहीं सृष्टित है

इसको क्या करोगे?
सच कह रही हूँ ।।

कविते

कविता में तुमको परखा है
कविता में तुमको देखा है
कविता में तुमको पाया है
कविता में तुमको गाया है ।

कविता ही जीवन की दृष्टि
कविता है जीवन की सृष्टि
कविता जीवन की सरिता है
जिस में ही जन्मी कविता है ।

कविता में जीवन दर्शन
दर्शन में भी तो कविता
कविता में कवि का जीवन है
कवि के जीवन में कविता है ।

कविता तो कविता कविता है
कविता तो कविता कविता है ।।

सत्य

जीवन
दर्शन
के
क्यौं, कैसे
में मैं फँस रही हूँ
यथार्थ

क्या है ?

आध्यात्मिकता क्या है ?
मैं जानना चाहती हूँ

अपना- पराया
भी मैं पहचानना चाहती हूँ
जीवन की
खोज मैंने
कविताओं में की
लेकिन
इसके लिए
मुझे तुम्हारा साथ चाहिए
साथ से ही मैं
यथार्थ
के सत्य को
भेदना चाहती हूँ
मैं कविता को
सहज बनाना चाहती हूँ।।

टकसाल

मेरे रंगीन
सपनों का
टकसाल
मेरा प्यार
मेरे प्यार का
सागर
हिन्द महासागर
से
कोई
साम्य नहीं रखता... (२)
इसकी गहराई
में
है
प्रणय
प्रीत
समर्पण
आस्था
निष्ठा
सागर मंथन में
ये रत्न...
लेकिन
किसके लिए ?
यह
स्नेहोदधि
और इसकी
गहराई
भला कौन

नाप सकता है
सभी
तो ऊपरी सतह या सतही
प्यार चाहते हैं
नेह से
स्नेह से
और
प्रीति की रीति
से उनका कोई
सरोकार नहीं होता
इस
स्नेह सागर में
तुम्हारा मन
जितना डूब
सकता
तुम्हे
शायद
उतनी प्यार की
तरुणाई
मिलेगी
लेकिन
इस स्नेह
का
कोई
शायद
वारिस ईश्वर
की सृष्टि
में
नहीं रचा गया है
शायद
यह भी ठीक ही है ।।

डॉ. मीरा त्रिपाठी पांडेय

जीवन पथ

जीने का अधिकार न दो तुम
कर्तव्यों का भार न दो तुम

इन राहों के, अमर पथिक तुम
यह जीने की राह नहीं है।

जीने की अब चाह नहीं है
मरने की भी राह नहीं है

ओ! जीवन के चलते राही
जीवन तो पतवार नहीं है।

जीवन तो केवल सरिता है

दुःख- सुख दो तट सबको पता है

संभल- संभल कर चलना नाविक
दरिया में मझधार नहीं है।

जीने का अधिकार न दो तुम...।।

पलकों में

मैं तुम्हारे
एक- एक क्षण को
सहेजना चाहती हूँ...

हर पल को
मैं, पलकों में
पालना चाहती हूँ...

तुम्हारे हर
निमिष को, हर पल को
भावों में जीना चाहती हूँ...

तुम्हारी उन्मेषित
भावनाएँ, समुर्वर होकर
भारतीयता में साकार होना चाहती हैं

दीपमाला में समन्वित
ज्योति के त्योहार हो तुम
क्यों भला मैं तुम्हारी रसनिग्ध पल- छिन का मनुहार चाहती हूँ।।

डॉ. मीरा त्रिपाठी पांडेय

परख

तू मुझे परख, मैं तुझे परख लूँ
बातों- बातों में... (२)

मौन बहुत कुछ कह देता है
वह सब मन भी सुन लेता है
तू मुझे देख, मैं तुझे देख लूँ
दिन के उजालों में

तू मुझे परख...

मन ही मन तू रोया करता
ऊपर से तो सभी हँसते हैं
तू मुझे बता, मैं तुझे बता लूँ
बातों- बातों में

तू मुझे परख...

अंतरमन में बहुत कुछ होता है
फिर भी हम चुप रहते हैं
तू मुझे सुना, मैं तुझे सुना लूँ
अपनी यादें- फरियादों को

तू मुझे परख, मैं तुझे परख लूँ
बातों- बातों में... (२)

डॉ. मीरा त्रिपाठी पांडेय

वसुंधरा

आसमानी व्यक्तिव
में हिमालय है तो
धरती के अस्तिव में
गंगा
और

दोनों से जुड़ा हुआ है
हमारा भारतीय दर्शन
सभ्यता और संस्कृति का
बखान करता है
लेकिन

दोनों का अस्तित्व
एक दूसरे से मिलकर ही
निरूपित होता है

दोनों के मिलन का
केंद्र बिंदु तपस्वियों का घर
हुआ करता है

साधना स्थल दोनों
स्वतंत्रता का आदर्श अनुशासन
में प्रस्तुत करते हैं

हवाओं के रूप में
नदियाँ स्वतंत्र हैं जो

डॉ. मीरा त्रिपाठी पांडेय

एक निश्चित मार्ग से बहती हैं

सागर स्वतंत्र है
मर्यादा स्वरूप सीमाओं का
अतिक्रमण कभी नहीं करता

पर्वतों के ऊंचे श्रृंग
आसमान के आँगन तक
अपनी ग्रीवाऐ अवश्य उठाये हैं

परन्तु वे धरती का आधार
कभी नहीं छोड़ते, वसुंधरा का व्यापक रूप है
स्वतंत्रता ।।

पल पल

जो पल बीते सुन्दर बीते
पल- पल, छिन- छिन जीते... (२)

नेह का गागर छलक गया
पल-पल कर के पलक गया
मन प्रियतम संग सिहर गया
रसनिग्ध पल देखो, पल में गया

जो पल बीते...

पिउ-पिउ कोमल गान करे है
मनवाँ प्रीत का मान करे है
लज्जा संग भई प्रीत पुरानी
देखो, समय कैसे पहर गए है

जो पल बीते...

यूँ तो सब कुछ याद करे हैं
साल बीता दर साल करे हैं
ख़ुशी ढूंढ अपने घर आयी
भारत का मन रतभा करे है

जो पल बीते...

डॉ. मीरा त्रिपाठी पांडेय

मन से सुन्दर, जग से सुन्दर
हृदय-हृदय के तार से सुन्दर
प्रणय प्रीत का मान बहुत है
हम सुन्दर तो जग सुन्दर

जो पल बीते सुन्दर बीते
पल- पल, छिन- छिन जीते... ।।

नारी तो वारि है

रह- रह कर के...
सह- सह कर के...
जो रह जाती...
वह है नारी
वह है नारी ।

कभी सी न करें...
कभी ऊह न करें...
मन ही मन में जो थम जाए...
वह है नारी
वह है नारी ।

कभी उफ़ न करें...
दिन- रात चले...
बोझ गृहस्ती का सिर पर लेकर...
चलती रहे बस चलती रहे...
घर में चले, बहार भी चले...
चलती ही रहे हर दम हर दम...
वह है नारी
वह है नारी ।

उसकी न हद है...
ना ही सरहद है...
ना कोई अपना...
और न पराया...

डॉ. मीरा त्रिपाठी पांडेय

जननी है वह जग की...
फिर भी अकेली है वह सरहद की...
वह है नारी
वह है नारी ।

सुमन कहलाती...
दिल में सुहाती...
सुरभित करती डाली डाली...
सबको रचती, सब में बसती...
मधुमय जीवन सबका करती...
वह है नारी
वह है नारी ।

नारी का कोई जोड़ नहीं है...
उसका कोई तोड़ नहीं है...
बेटी उसकी जाई है...
लेकिन वह परजाई है...
जिस आँगन में खेली- खाई...
अब तो वह पराई है...
पराए घर से आई है...
बोलो क्या क्या लेकर आई है ?
उसी से है, सम्मान उसी का...
वर्ना तो, अपमान उसी का...
नारी न अरि है ।
मानव की सहचरी है ।
वह है नारी ।
वह है नारी ।।

डॉ. मीरा त्रिपाठी पांडेय

यात्रा

हद की यात्रा की है हमने
उस मीरा से इस मीरा तक...(२)

राज न माँगा, पाट न माँगा
न माँगा संसार है...
हमने तो गिरधर माँगा था
और उन्ही का प्यार है ।।

हद की यात्रा...
उस मीरा से इस मीरा तक

शबरी ने रघुवर माँगा था
और राम का सहकार है
जूठे बेर से मिल गयी भक्ति
और मिले सरकार हैं ।।

हद की यात्रा...
उस मीरा से इस मीरा तक

सीता ने भी वरण किया था
एक निष्ट पुरूषोत्तम राम
सीता सीत निशासम हो गयी
और मिला निर्वासन ।।

हद की यात्रा की है हमने
उस मीरा से इस मीरा तक... ।।

कवयित्री - परिचय

नाम : डॉ. मीरा त्रिपाठी पांडेय
जन्म : मिर्ज़ापुर (उत्तर प्रदेश)
शिक्षा : एम. ए. (हिंदी साहित्य, राजनीति शास्त्र),
पी. एच. डी. काशी हिन्दू विश्वविद्यालय,
वाराणसी; बी.एड. मुंबई विश्वविद्यालय,
मुंबई

ध्यान प्रशिक्षिका : महर्षि अंतर्राष्ट्रीय विश्वविद्यालय,
नोएडा

औद्योगिक : विभागाध्यक्ष- हिंदी विभाग, अकबर
पीरभोय महाविद्यालय, मुंबई

मोबाइल : +91- 9167081827

ईमेल : m.tripathi.pandey@gmail.com

प्रकाशन एवं प्रसारण : कविताओं, कहानियों एवं अन्य रचनाओं का राष्ट्रीय/
अंतर्राष्ट्रीय स्तर की पत्र पत्रिकाओं में सतत प्रकाशन एवं
आकाशवाणी वाराणसी, इलाहाबाद, और मुंबई में काव्य पाठ।

पत्र - वाचन : 50 से अधिक अंतर्राष्ट्रीय/ राष्ट्रीय संगोष्ठियों में सहभागिता एवं शोध-
पत्र प्रस्तुतिकरण

पुरस्कार / सम्मान : भारत विलक्षणता वाग्देवी पुरस्कार उ.प्र., हिंदी
साहित्य अकादमी मुंबई काव्य पुरस्कार, पर्यावरण
सुचिता सम्मान कीर्ति कॉलेज मुंबई, विश्व हिंदी
रचनाकार सम्मान, दिल्ली, विश्व हिंदी लेखिका
सम्मान, दिल्ली इत्यादि।

संप्रति : स्वतंत्र लेखन

www.ingramcontent.com/pod-product-compliance
Lightning Source LLC
Chambersburg PA
CBHW081351080526
44588CB00016B/2451
9781897416297